ÉVÉNEMENS DE TOULOUSE.

EXPLICATIONS DE M. PLOUGOULM.

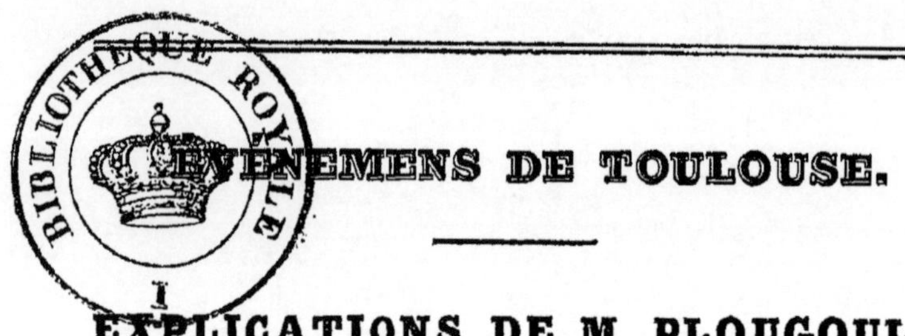

ÉVÉNEMENS DE TOULOUSE.

EXPLICATIONS DE M. PLOUGOULM.

Depuis quatre mois je suis en butte à bien des attaques, je les ai supportées avec patience, espérant que la réparation qui m'a été promise dès mon arrivée, m'offrirait une occasion naturelle de faire connaître la vérité. Je comptais au moins sur la publicité de mon témoignage devant les assises de Pau. Entendu dans l'instruction, je devais croire que je serais appelé au débat; lorsque cette double occasion de m'expliquer m'échappe, me taire plus long-temps serait acquiescer à l'acte qui m'a frappé, et consacrer des erreurs que j'ai tant de moyens de détruire. Je respecte trop l'opinion publique pour ne pas l'éclairer. Après le témoignage de la conscience, l'estime de tous est le premier des biens, et puisque j'ai eu le bonheur de l'obtenir par quelques services rendus à mon pays, mon vœu le plus cher, mon devoir, est de la conserver intacte. Je dois plus particulièrement ce récit au Barreau, dans le sein duquel je vais rentrer; je le dois aux magistrats devant qui j'aurai à me présenter, après avoir siégé plusieurs années à côté d'eux.

I

Du reste, ce sera moins un récit qu'un exposé de preuves, une suite de témoignages. Puisqu'il m'était réservé d'être ainsi méconnu, il doit m'être permis d'en appeler pour ma défense aux hommes qui m'ont suivi, qui m'ont vu dans ces momens de crise. C'est, je pense, le meilleur moyen de répondre à ceux qui n'ayant rien vu par eux-mêmes, m'attaquent pourtant avec tant d'assurance.

Je ne dois prendre dans les événemens de Toulouse que ce qui me concerne ; je ne touche point à ce qui m'est étranger. Cet exposé devant être de la plus irréprochable exactitude, je ne réponds que de mes intentions, que de mes actes, que de la sincérité de mon témoignage, sur ce que je déclarerai avoir vu et entendu. Je n'attaque ni ne juge personne ; ce n'est ici ni mon but ni mon devoir.

Quoique je doive suivre l'ordre des faits, j'ai hâte de dire par avance un mot de ces deux lignes que j'ai signées avec le lieutenant-général, de ces deux lignes si faussement, si cruellement interprétées.

Si j'étais coupable de l'acte odieux que l'on m'a imputé si légèrement, sans m'entendre (huit ans d'honorables services devaient pourtant protester !), si j'avais fléchi le genou devant l'émeute, honteusement déserté mes devoirs, si j'étais devenu en un moment, qu'on me permette de le dire, si différent de moi-même, ce n'était point par des promesses, par des tendresses à bras ouverts, que je devais être reçu ici ; c'était avec les plus sévères, les plus durs reproches, et une éclatante rupture. Je

n'aurais moi-même osé lever les yeux devant personne, car je ne conçois pas l'assurance après la
fuite. Mais il n'en a pas été ainsi : c'est que la lumière m'avait précédé, c'est que mes premières
paroles n'ont pas tardé à dissiper l'erreur dont j'é-
tais si fatalement victime. J'ai dit au Roi, à mon
arrivée, au Roi, qui m'a écouté avec tant de bonté
et de justice : « Sire, je suis destitué pour une
« bonne action que je ferais toujours en pareil
« cas, et aujourd'hui d'autant plus volontiers que
« je connaîtrais ce qu'il doit m'en coûter. » Ce que
j'ai dit alors, je le dis encore à présent, et je vais le
prouver.

L'émeute a commencé à Toulouse le 5 juillet; c'est
le 13 à dix heures du matin que j'aurais, dit-on,
ratifié son œuvre, que je lui aurais annoncé sa
victoire, que je l'aurais félicitée en lui demandant
grace pour moi-même ! On me permettra donc
d'exposer comment je m'étais conduit jusque-là
avec cette émeute, qui devait finir par m'inspirer
ce moment de vertige.

L'autorité civile n'avait point à Toulouse de
nombreux agens pour faire exécuter ses ordres ;
elle était, sous ce rapport, presque isolée et réduite
à elle-même. Quand le désordre commença, je n'a-
vais, pour ma part, qu'un seul commissaire de police près de moi, lequel, j'aime à le dire, a fait son
devoir avec beaucoup d'activité et de courage.
Mais je reconnus tout de suite que pour rester,
autant que possible, maître de l'événement, pour

prévenir l'étincelle qui allume l'incendie, surtout pour être sûr que tous les avertissemens de la loi seraient régulièrement donnés, je devais descendre moi-même sur la place publique, m'y tenir, et voir tout par mes yeux. C'est ce que j'ai fait. J'ai été constamment au milieu des troupes, sur l'allée et la place Lafayette, toutes les fois que les perturbateurs se sont montrés.

Le lundi, 12, fut le jour des plus sérieuses alarmes; la garde nationale fut convoquée. Je suis étranger à cet acte; le préfet me l'annonça en ces termes : « l'administration municipale provisoire, suivie « du colonel et de plusieurs officiers de la garde « nationale, est venue me demander de convoquer « la garde nationale. Cette demande étant légale, « j'ai dû obtempérer, etc. »

Je lui répondis que j'approuvais ce qu'il avait jugé nécessaire d'accorder. La mesure accomplie, je n'avais pas autre chose à faire; il ne s'agissait pas d'ajouter le désaccord des fonctionnaires aux difficultés de la situation.

Dans l'après-midi, une bande armée de piques et de bâtons passa plusieurs fois sous mes fenêtres, en poussant des cris furieux. L'un de ces mutins se détacha, et demanda si j'étais chez moi ; la présence d'esprit d'un locataire éloigna cette première tentative. Je n'avais dans ce moment aucune garde devant mon domicile, et je restai plus d'une heure dans cette situation critique. La nuit s'annonçait menaçante ; plusieurs magistrats se rendirent chez moi ; je ne peux dire de quelles marques d'intérêt j'étais entouré ! L'un d'eux, homme de cœur autant que de talent, resta avec moi toute la nuit. Voici comment il s'explique sur ma conduite dans les événemens, et en particulier sur cette nuit du 12 au 13. Je demande pardon de citer tant de louanges sur moi-même, mais j'y suis forcé. J'ai demandé des témoignages pour la justification à laquelle on m'a réduit, et les éloges sont arrivés. Autant que je pourrai, je ne citerai pas les noms des personnes qui m'écrivent, quoique la plupart m'y aient autorisé ; mais dans un pays où les haines politiques sont si inflammables, je ne veux compromettre personne.

« . . . . . S'il faut parler plus spécialement des événemens à jamais déplorables qui éclatèrent à Toulouse dans le mois de juillet dernier, n'est-il pas certain que vous avez continué de déployer durant ces tristes jours les nobles qualités qui vous avaient distingué jusqu'alors. Les attaques qui vous signalaient sans cesse à la fureur populaire, les dangers imminens qui menacèrent votre existence, et auxquels vous n'êtes échappé, pour ainsi dire, que par miracle, ce sont des témoignages irrécusables et qui crient plus haut que toutes les calomnies.

« Pour moi, je n'oublierai jamais cette terrible nuit du 12 au 13 juillet, qui fut si alarmante et si pleine de périls. Combien je me félicite de l'inspiration qui m'amena chez vous dans la soirée du lundi, puisque si elle me permit alors de donner à un collègue une preuve de mon dévoûment et de mon affection, elle me fournit aujourd'hui le moyen de porter en sa faveur un témoignage qui peut contribuer à redresser l'erreur dont il est la victime. J'affirme donc sur mon honneur et ma conscience que, pendant toute la soirée du lundi 12 juillet, et jusque vers une ou deux heures du matin,

je n'ai pas cessé d'être à vos côtés, et que vous n'avez cessé
de montrer le sang froid, le courage, la prudence que ré-
clamaient les circonstances difficiles dans lesquelles vous
étiez placé ; que, soit sur l'allée Lafayette, soit sur la place
du même nom, vous avez été constamment au milieu des
troupes, combinant avec leurs chefs les moyens d'arrêter ou
de repousser l'émeute; qu'enfin les sommations prescrites par
la loi furent toujours faites avec la plus grande régularité.
J'ajoute que, d'après les faits dont j'ai été le témoin oculaire,
je ne pourrais pas comprendre qu'on pût vous accuser de
faiblesse, et qu'à mes yeux, la conduite que vous avez tenue
pendant les troubles de Toulouse, a été digne, tout à la
fois, de votre caractère, de vos précédens et de la haute mission qui vous était confiée. »

Certes, un pareil témoignage suffirait seul ; qu'on
me permette pourtant de faire entendre la voix des
personnes de la maison que j'habitais, celle des
militaires qui m'ont vu au milieu d'eux, celle de
l'instruction toute entière.

« Moi... habitant de la maison où demeurait M. Plougoulm, procureur-général, je déclare que, pendant les
émeutes de Toulouse, ce fonctionnaire a déployé, à la tête
et au milieu des troupes, la plus grande énergie pour répri-
mer les désordres, faire les sommations légales et concourir
à l'arrestation des coupables; qu'il a participé, en personne,
à tout ce qui s'est fait pour s'opposer au désordre; qu'en
même temps qu'il recommandait à tous les agens de la force
publique de montrer la fermeté dont il donnait l'exemple, il
faisait tous ses efforts pour empêcher l'effusion du sang; sa
vie était constamment menacée.

« Le lundi, 12 juillet, avant que le piquet de troupe de li-
gne fût arrivé devant sa porte, indigné de l'insolence des
révoltés, il donna l'ordre d'ouvrir les deux battans au por-
tier qui voulait les fermer, et il serait tombé dans les mains
de la populace en fureur, si, de son propre mouvement, un

habitant de la maison n'avait pas pris sur lui d'affirmer à l'un de ces mutins que le procureur-général venait de se rendre à la Préfecture.

« Cette déclaration est un abrégé de celle que j'avais faite devant le juge d'instruction. »

Témoignage d'un autre habitant de la maison :

« .... Ce qui doit augmenter mes regrets, c'est le souvenir des scènes affreuses qui ont motivé votre départ. Plus j'ai dû admirer la conduite brave et noble avec laquelle vous alliez au-devant de cette émeute, même au risque de votre vie, plus je dois être indigné de la conduite infâme tenue à votre égard. »

Témoignage d'un officier :

« Je me rappellerai toute ma vie la joie et la sécurité que nous éprouvions lorsque vous étiez au milieu de nous ; que, par votre énergie, votre dévoûment, vous réchauffiez si bien notre zèle, etc.

« .... Voilà ce que j'ai souvent entendu dire par ceux qui vous ont connu et qui vous ont vu à l'œuvre dans ces pénibles momens; mais tous ont l'espoir que le jour où la vérité sera connue sera aussi le jour des réparations. Je regrette que ma voix soit trop faible pour se faire entendre au-dehors ; mais j'éprouve un bien sensible plaisir à verser quelque baume sur vos blessures, en déclarant que les mots que je viens de tracer sont non seulement sortis de mon cœur, mais sont aussi dans la bouche de tous mes camarades, de ceux qui vous ont toujours vu à leurs côtés aux heures du danger. »

J'ai dit tout-à-l'heure que je citerais le résultat de l'instruction sur les faits où mon nom et mes actes ont pu être mêlés. Voici ce que m'écrit à ce sujet un magistrat qui connait parfaitement la procédure :

« Comme dans les faits qu'ils racontent (les témoins dont il vient de citer les noms), le caractère de l'homme ajoute à la dignité du magistrat ! Ils n'ont qu'une mission à remplir, raconter ce qu'ils ont vu ; ils ne songent point à louer, et l'éloge ressort de toutes leurs expressions ! Honneur à celui à la vie duquel on ne peut toucher sans l'estimer davantage ! »

Voilà par quels actes, dans la nuit du 12 au 13, ainsi que dans les jours précédens, j'avais préludé à ma *génuflexion* devant l'émeute ? C'est en voyant les perturbateurs face à face, en les combattant de toutes mes forces, que je m'apprêtais à leur dire : *Vous avez bien fait de chasser le préfet, je vous en félicite !* En vérité, pour arriver à ce résultat, je n'avais pas besoin de prendre tant de peine et d'exposer tant de fois ma vie !

J'avais quitté la place Lafayette, le 13, à deux heures du matin, quand les troupes elles-mêmes s'étaient retirées, tout désordre ayant cessé. Sur les huit heures, je n'avais à ma porte que quelques gardes nationaux parmi lesquels il y en avait évidemment d'étrangers aux contrôles. Il me fut démontré dès lors que l'émeute s'était jetée dans la garde nationale, et qu'ainsi les bien intentionnés deviendraient impuissans. On vint me parler de la mise en liberté des prisonniers ; je répondis que la justice aurait son cours. Je priai M. le juge d'instruction, M. le procureur du Roi et un commissaire de police de se rendre chez moi. Voici comme ce dernier rend compte de cette séance :

« Vous me demandez de vous retracer le souvenir de ce qui s'est conservé dans ma mémoire, relativement aux événemens du 13 juillet, au matin. Sur votre invitation, qui me fut transmise par M. Mahul, alors préfet, je me rendis chez vous dans la matinée du 13. En traversant les places Saint-Étienne, Saint-Georges, la rue Saint-Antoine du T, la place Lafayette et les allées de ce nom (sur lesquelles est située la maison que vous habitez), j'ai trouvé ces places et ces rues couvertes de tout ce que la population d'une grande ville peut avoir de plus abject. La garde de votre domicile avait été envahie par des hommes qui avaient pris le titre de gardes nationaux, et qui, bien certainement, en majeure partie du moins, n'étaient pas portés sur les contrôles ; j'ai frémi en les voyant, et j'ai éprouvé pour vous la plus vive inquiétude. Admis dans votre cabinet, je vous ai trouvé calme au milieu d'un aussi grand danger. Peu après moi, sont arrivés M. le procureur du Roi et M. le juge d'instruction. Vous avez fait à chacun de nous diverses questions relativement aux prisonniers des jours précédens, et vous avez dit, que quelles que fussent les circonstances, et quoique l'émeute grondât dans toutes les rues et même dans votre maison, vous exigiez que, sans lui faire aucune concession, la justice suivît sa marche ordinaire, et qu'il fallait s'occuper de réunir le Tribunal. Ce n'est qu'après vous avoir entendu donner ces ordres à M. le juge d'instruction et à M. le procureur du Roi, que, sur votre permission, je me suis retiré, mais plein d'admiration pour votre courage, et parce que mon service m'appelait à la préfecture. Je ne peux pas bien préciser l'heure, c'était vraisemblablement vers neuf heures, peu avant le départ de M. Mahul. Mes rapports faits à l'autorité supérieure administrative et ma déposition devant M. le président chargé de l'instruction de cette affaire doivent concorder avec ce que j'ai l'honneur de vous dire. »

Au sortir de cette conférence, et dans les dispositions où l'on vient de me voir, je me rendis chez le lieutenant-général ; il était couché, fort souffrant d'une contusion reçue la veille. J'étais avec lui depuis quelques momens et je lui parlais de ce que j'avais remarqué dans les rangs de la garde nationale, lorsqu'en présence de plusieurs personnes qui étaient survenues, on vint dire que M. Mahul demandait à quitter la ville.

Je fus très-étonné de cette nouvelle; je n'avais pas vu M. Mahul la veille. En voici les raisons, je tiens beaucoup à ce qu'elles soient bien comprises : la journée du dimanche, 11, avait été parfaitement calme; on ne s'attendait à aucun trouble pour le lendemain, lundi. Ce jour-là, je me rendis au Parquet, où je n'étais pas allé depuis plusieurs jours, et où je devais trouver beaucoup d'affaires arriérées. Sur les trois heures, mon domestique vint m'annoncer que les désordres avaient recommencé dans le quartier Lafayette; que déjà des démonstrations hostiles étaient faites contre mon domicile. M. le premier président me ramena dans sa voiture; il était quatre heures quand je rentrai chez moi. Je me mis aussitôt en mesure de repousser l'émeute, qui s'annonçait très-violente, et l'on voit par les témoignages qui précèdent, que je m'y suis employé de tout mon pouvoir. Préoccupé que j'étais de défendre personnellement mon domicile et les points adjacens, on conçoit bien que je ne sois pas allé ce jour-là à la Préfecture. On sera du reste bientôt édifié sur les relations fréquentes que j'avais entretenues avec le préfet.

Très-surpris de ce projet de départ, j'engageai le général Rambaud à se rendre à la Préfecture; il revint une demi-heure après, et déclara très-positivement, qu'en effet, le préfet voulait quitter Toulouse, et ne pas être la cause d'une collision sanglante; qu'il demandait instamment qu'on lui amenât une chaise de poste sur les derrières de l'hôtel. J'ignorais ce qu'il y avait alors de troupes à la préfecture, mais il est constant qu'il n'y avait pas un soldat chez moi; il est juste de dire que je n'en avais pas demandé. En arrivant à la lieutenance-générale, je remarquai que la troupe y était très-peu nombreuse; qu'au contraire, les gardes nationaux y étaient en grand nombre, et parmi eux beaucoup de gens qui, à leurs vêtemens et à leur air, semblaient plutôt les amis que les ennemis de l'émeute. Malheureusement, la veille, dans une intention qui était bonne sans doute, mais qui eut de bien funestes résultats, M. Mahul avait lui-même investi la garde nationale de tous les postes. Cela résulte pour moi d'une lettre que j'ai dans les mains, qu'il m'adressa le 12, et par laquelle il m'engageait à ne me servir *extérieurement* que de la garde nationale, sauf à garder dans l'hôtel les troupes que je voudrais. C'était afin, disait-il, *de laisser à la garde nationale toute l'efficacité dont elle est susceptible.*

Il était clair, dès lors, que c'était par la garde nationale principalement qu'on voulait apaiser l'émeute, et montrer la troupe le moins possible. Lors donc que le 13 au matin, j'entendis déclarer chez le lieutenant-général, par plusieurs membres de la garde nationale, que *celle-ci exigeait le départ de M. Mahul*, il me fut démontré qu'elle ne le protégerait pas s'il restait, et que désormais, pour le maintenir, ce ne serait plus seulement l'émeute que les troupes auraient à combattre, mais la garde nationale elle-même. Or, dans un pareil état de choses, c'était à l'autorité militaire *seule* à juger, d'abord si elle avait à s'opposer à ce départ, puis si elle devait, si elle pouvait engager le combat. Pour moi, il est évident que je ne pouvais rien, et qu'il m'était impossible de m'opposer au départ de M. Mahul ; départ demandé par la garde nationale, accepté par l'autorité militaire, et désiré, ainsi qu'on l'assurait, par M. Mahul lui-même.

Déjà les préparatifs étaient faits, les personnes qui devaient accompagner M. Mahul étaient désignées ; c'étaient MM. le général Rambaud, Bascans, officier de la garde nationale ; Gasc, conseiller municipal, et, je crois, un garde national. Dans cet instant, M. Bascans et quelques autres personnes annoncèrent que la multitude furieuse était sur le point d'envahir la préfecture, et qu'on aurait à peine le temps de sauver le préfet : ils demandèrent qu'on leur fournît le moyen d'annoncer officiellement son départ et de répandre cette nouvelle dans le trajet de la lieutenance-générale à la Préfecture, afin de calmer un moment l'effervescence populaire, et de trouver ainsi l'instant de la retraite.

Alors frappé d'une seule pensée, dn péril immi-
nent de M. Mahul, je signai avec le lieutenant-
général deux lignes qui furent aussitôt remises à
M. Bascans; *celui-ci les emporta et sortit immédiatement pour aller accompagner M. Mahul et
protéger sa retraite.* A-t-il eu l'occasion d'en faire
usage? A-t-il montré cet écrit dans le trajet de la
lieutenance-générale à la Préfecture? c'est ce que
j'ignore; mais ce que j'affirme *sur l'honneur,* c'est
que ces deux lignes n'ont pas eu d'autre objet,
d'autre but que celui que je leur assigne en ce moment; qu'elles n'étaient point destinées à être pro-
clamées, ni affichées; qu'elles ne l'ont point été,
et que, si elles ont eu quelque effet dans le moment pour lequel elles ont été signées, ça été d'é-
pargner un crime et toutes les catastrophes qui
auraient suivi. Elles n'ont été qu'un *sauf-conduit,*
jamais une proclamation.

La rédaction de cette pièce a été mauvaise, et
c'est à moi à le reconnaître, puisque c'est moi qui
l'ai dictée. Au lieu de : *cause* de désordre, il fallait
dire *prétexte,* c'est-à-dire faire entendre, par le
mot même, qu'on ne donnait pas raison à l'émeute.
Je suis de cet avis; mais quand on juge un fait,
et surtout quand on l'incrimine, c'est l'intention
de son auteur que l'on recherche. Or, je le demande, lorsqu'on connaît ma conduite pendant
les huit jours, est-il permis de dire sérieusement
que je voulais en ce moment donner raison à l'é-
meute, et par *un mot* légitimer ses violences?

Qu'on écarte la préoccupation où j'étais du danger de M. Mahul; qu'avais-je besoin de constater son départ? Quel motif me forçait à cette démarche, si évidemment en dehors de mes fonctions? La crainte? Mais n'ai-je pas assez montré que je savais braver le péril? La crainte? Mais en ce moment aucun danger ne me pressait; j'étais à la lieutenance-générale, que l'émeute n'a jamais menacée.

Il faut donc recevoir l'explication que je donne, parce que c'est la seule vraie; supposer que j'aie adressé une *proclamation* à l'émeute, après le départ de M. Mahul, moi, magistrat, qui n'avais point à parler à l'émeute, qui me serais tû si j'avais craint, c'est m'imputer une infamie, une stupidité, dont, grace à Dieu, je suis aussi incapable par l'esprit que par le cœur.

Du reste, si la malveillance incrédule ne me faisait pas l'honneur d'accepter ma parole, quand je certifie mes intentions, il faudra, je pense, se rendre à l'évidence des preuves.

Lorsque tous les faits que je viens de rapporter se passaient dans la chambre du lieutenant-général, un officier d'état-major se trouvait là; il a été témoin de tout, je lui ai fait demander sa déclaration par un des hommes les plus vénérables de Toulouse, la voici :

« J'ai appris avec douleur combien il est facile de dénaturer les faits par esprit de parti, ou faute de faire la part des circonstances. Je sais que vous et le général Saint-Michel avez été persécuté pour *cette note si pompeusement qualifiée de proclamation.* Un chef de bataillon de la garde nationale, quelques membres du conseil municipal viennent chez le lieutenant-général (j'étais auprès de lui, j'ai tout vu, tout entendu); ils annoncent que M. Mahul est dans un péril imminent; ils vous supplient pour sauver sa tête de dire officiellement au peuple qu'il est parti. Pressés par les événemens qui ne permettaient ni réflexion ni retard, |vous écrivez et signez à la hâte deux mots *auxquels est attachée la vie d'un homme;* et l'on viendra plus tard, en dehors de toute émotion, prendre ces paroles une à une, disséquer cette phrase, en chercher le sens le plus littéral, sans s'occuper de l'esprit, pour y voir tout autre chose que ce qu'y ont compris ceux qui se trouvaient là dans ce moment critique ! »

Cet homme de bon sens et de bonne foi. qui m'a envoyé ce témoignage si décisif, se trouve bien d'accord avec le magistrat de Toulouse qui m'écrivait :

« *Une phrase mal rédigée devient un crime,* lorsque tant d'hommes intéressés à venger leur médiocrité de vos succès, attendent l'occasion de s'acharner à votre perte.

« La haine a donc été assez puissante pour que *sur de simples apparences, sans qu'un mot d'explication vous ait été demandé,* on vous ait arraché à votre siége, sur lequel vous deviez rester à peine de détriment pour la chose publique. »

J'ai quitté Toulouse le 20, j'étais en route le 22, ce jour-là même le lieutenant-général, qui venait de recevoir la nouvelle de sa révocation, m'écrivait pour me l'apprendre, et il ajoutait sur la *déclaration,* le seul fait qui nous soit commun : « Vous « savez que nous avons signé la déclaration pour « sauver les jours de M. Mahul, qui étaient en dan-

« ger. » Nous fera-t-on l'injure de croire que nous nous sommes concertés?

Le 13, un avocat de Montauban se trouvait à Toulouse pour y plaider, et voici comment il rend compte des faits dont il avait été témoin, à un honorable député qui a bien voulu me communiquer sa lettre ; on y verra comment, *ce jour-là même*, fut interprétée la *déclaration* dans la ville.

« … Puisque je vous ai parlé de Toulouse, il faut que je vous dise que devant plaider à la Cour d'assises, je m'y trouvais le 13 juillet ; j'ai été témoin de plusieurs scènes. Logé près de la place Lafayette, j'ai vu principalement les émeutes qu'on faisait agir contre le procureur-général. Je n'ai jamais parlé à ce magistrat, mais je regrette sa destitution. L'on avait tellement exalté la foule qui composait les attroupemens, que je suis intimement convaincu qu'il eût été infailliblement massacré s'il eût été rencontré à son domicile ou ailleurs. La garde nationale était, l'eût-elle voulu, dans l'impuissance de l'empêcher.

« *D'après ce que j'ai vu à l'instant, il ne donna sa signature ce jour là que dans la pensée de sauver la vie au préfet, qui était encore dans son hôtel, et que l'on aurvit aussi massacré si l'on eût cru qu'il n'était pas parti.* Le peuple, et quel peuple ! il fallait voir leurs costumes et leurs armes, fut maître de Toulouse du moment que les troupes avaient été consignées. »

Enfin, à propos de ce redoublement d'injures dont je fus dernièrement l'objet, j'écrivis au général Rambaud, dont j'ai pu apprécier le courage et la loyauté à mon égard, pour le prier de s'expliquer sur les faits relatifs à la déclaration dont il avait été témoin.

« N'est-il pas vrai, lui dis-je, que le mardi matin, lorsque

M. Mahul avait déclaré qu'il voulait partir et que les préparatifs étaient faits, plusieurs personnes, et entre autres M. Bascans, frappées du péril où était M. Mahul, vinrent demander
que le fait du départ qui allait s'opérer fût déclaré, afin de
faciliter la retraite et de sauver la vie du préfet ?

« Que cette déclaration n'a pas eu d'autre objet ?

« Que personne n'a songé à la faire afficher, ni à la con-
vertir en proclamation ?

« Que M. Bascans l'a emportée quand il allait accompagner avec vous le préfet ?

« Une calomnie sur laquelle, le croiriez-vous, on s'acharne
ici, c'est que la déclaration a été donnée APRÈS le départ de
M. Mahul et pour annoncer à l'émeute sa victoire. Si telle
était la vérité, y aurait-il des paroles assez sévères pour flé-
trir une infamie aussi odieuse qu'absurde ? Moi ! féliciter l'é-
meute de sa victoire ! Mais, bon Dieu ! je la combattais depuis
huit jours, et vous pouvez l'attester, vous qui m'y avez vu si
souvent, etc. »

L'honorable général m'a répondu *qu'il était prêt
à certifier la vérité* des faits énoncés dans ma lettre,
quoique les réglemens militaires lui interdissent
toute politique. Il me dit que j'ai été indignement
calomnié, mais que je ne devrais pas même sentir
le besoin de la justification, etc.

J'ai annoncé plus haut que je prouverais quelles
avaient été mes relations avec M. Mahul depuis son
arrivée à Toulouse, et quelle opinion il emportait
de moi.

Dans son passage précipité à Villefranche, il fit
demander un magistrat qu'il connaissait, et il lui
dit ces mots, en le chargeant de me les transmettre. « C'est auprès de M. Plougoulm, surtout, que
j'ai trouvé concours et appui. C'est un homme

2

« de cœur et de bon conseil. Maintenant, la fureur
« du peuple va sans doute se tourner sur lui, etc. »

C'est assez de preuves, je le pense, et désormais
on ne pourra plus m'accuser d'avoir fait des *con-
cessions*, des *proclamations* à l'émeute ; c'est pourtant pour ces deux lignes, qu'un sentiment d'huma-
nité m'arracha, que j'ai été enlevé à mes fonctions,
et, ce qui est bien plus cruel, qu'à la face de mon
pays, j'ai essuyé les plus indignes outrages !

Après le départ de M. Mahul, je restai environ
une heure à la lieutenance générale ; je revins à
pied chez moi, accompagné d'un garde national et
d'un officier supérieur, lequel atteste « *que je fis*
« *ce trajet avec beaucoup de calme et de sang-*
« *froid*, » au milieu des gens dont ma présence
attirait l'attention. Je ne voulais pas paraître aban-
donner mon domicile ; je savais n'être protégé que
par quelques gardes nationaux ; à peine y étais-je
arrivé, que l'émeute ou plutôt une bande d'assassins était sur mes pas ; je vis aussitôt qu'avec le
peu de monde qui était à ma porte, le danger allait
être extrême. Heureusement, pendant mon absen-
ce du matin, un ami, prévoyant l'orage, avait déter-
miné ma famille à se retirer chez lui. J'étais donc
seul avec mon domestique ; quelques courageux
amis, effrayés du péril dont la nouvelle s'était répandue, accoururent chez moi. Mais je laisse les
témoins oculaires raconter cette scène de violence.

« Après vous avoir vu le matin au quartier-général, j'étais
loin de m'attendre à votre imprudence ; j'espérais que vous

y seriez resté. Par un dernier acte de courage, de témérité, vous voulûtes rentrer chez vous. Vers midi, j'entends des cris menaçans; je frémis en voyant des figures atroces, des piques, des poignards. Des menaces de mort dominaient le tumulte; la garde nationale, qui seule était à votre porte, était écrasée de coups de pierres. Cinquante hommes contenaient pour le moment, avec beaucoup de peine, une populace qui hurlait des cris de mort; les minutes étaient précieuses; je monte chez vous; je veux vous persuader de me suivre; une première fois vous ne me suivîtes pas. Cependant, de seconde en seconde, quelques gardes nationaux me disaient : « Sauvez-le, dans un moment vous ne le pourrez plus. » Alors, je vous entraînai, et vous échappâtes par miracle. La populace grossissait toujours, et elle allait enfoncer la maison. Sur le derrière, des hommes vous guettaient; je fis dresser devant eux une échelle; leurs regards la dévoraient; je vous fis passer par un angle du mur opposé dans la maison voisine; l'attention avait été distraite; vous étiez sauvé ! Aussitôt la porte est ouverte, on hurlait toujours; trois ou quatre meneurs se détachent et veulent visiter la maison; ils la visitent en effet; mais leur victime était échappée... »

Autre témoignage :

« Le mardi, 13 juillet, au milieu du jour, M. Plougoulm qui venait de rentrer à son domicile y a été soudain assiégé. Ce n'est que lorsque la porte cédait aux efforts des assassins, que quelques personnes enfermées dans l'hôtel ont pu décider M. Plougou'm à éviter une mort certaine en franchissant un mur de derrière. Au même instant, plusieurs émissaires armés franchissaient le portail ; deux, au nom de tous, sont montés le fer au poing dans les appartemens du procureur-général, les ont fouillés, et ne se sont retirés que lorsqu'ils ont été bien sûrs que leur victime n'y était plus. Pendant cette scène, la foule vociférait au dehors; elle est restée en surveillance jusqu'à une heure avancée de la nuit.

« Cette déclaration est un abrégé de celle que j'ai faite devant le juge d'instruction. »

« S'ils vous eussent aperçu dans le jardin, m'écrit
« le garde national qui m'avait accompagné de la
« lieutenance-générale chez moi, *vous étiez perdu.* »
C'est dans ce moment que je trouvai un asile chez
le brave et généreux M. Thiste ; ce nom là, je ne
crains pas de l'écrire ; la beauté de son action peut
lui faire braver la publicité. Je restai sept heures
dans cet asile ; les malheureux qui en voulaient à ma
vie, rôdaient autour de la maison. Sur les huit heures
et demie du soir ils étaient rassemblés de nouveau
et sur le point d'envahir ma retraite ; je les ai en-
tendus crier : *Thiste, tu l'as, livre-le !* A travers les
barreaux de la porte qui donne sur l'allée Lafayette,
je les ai vus rangés en haie, et armés, attendant ma
sortie ; j'ai passé devant eux sous un habit de garde
national, et j'ai ainsi trompé leur rage. Qu'il me soit
permis d'adresser encore ici une parole de recon-
naissance aux trois hommes généreux, à ces braves
gardes nationaux qui ont risqué leur vie pour sauver
la mienne !

J'ai à dire maintenant comment j'ai *fui* de Toulouse ; l'histoire de cette *fuite*, qui n'a point donné
lieu à moins d'attaques que la *proclamation*, n'est
pas mieux connue.

L'expérience que je venais de faire de la protection
qui m'était réservée dans Toulouse, me fit prendre
la résolution de me retirer dans une ville de mon
ressort, à Moissac. C'est là qu'à partir du 14 au matin, je n'ai pas cessé un instant de correspondre avec
Toulouse et avec la Chancellerie ; je n'ai pas cessé

pendant trois jours de demander aux autorités civiles et militaires de Toulouse les moyens d'y rentrer et d'y reprendre mes fonctions.

Le 17 et le 18 juillet, lorsque commença à Paris le commentaire sur la proclamation, on répandit le bruit, on imprima qu'on *ne savait pas ce que j'étais devenu.* Mes amis, qui allaient chercher de mes nouvelles à la Chancellerie ou ailleurs, ne recevaient que cette désolante réponse : « Il n'y a pas de nouvelles ! » Dans aucun journal de cette époque on ne trouvera la moindre lumière ni sur le le lieu où j'étais retiré, ni sur les efforts que je faisais pour rentrer à Toulouse ; pas un mot surtout sur les vrais motifs de la déclaration.

La présomption est donc qué je n'ai point écrit, que je n'ai point donné de mes nouvelles ; car enfin si des rapports fussent arrivés, et surtout des rapports justificatifs, comment rien n'en aurait-il jamais transpiré ? comment ce que j'écris aujourd'hui même, quatre mois après l'événement, serait-il encore du nouveau ! Quel étonnant mystère gardé sur des rapports de cette importance, lorsqu'il eût été au moins de la justice de les faire connaître ! Eh bien ! je prie qu'on fasse attention à ce qu'on va lire.

Parti de Toulouse le 13 juillet, à neuf heures du soir, j'arrive le 14, à sept heures du matin, à Moissac, chez le procureur du Roi, à l'amitié duquel je venais demander asile. A peine arrivé, je m'occupe d'écrire un long rapport à la Chancellerie, sur les graves événemens du 13. Ce rapport est arrivé le 17.

J'apprends, le 14 au soir, que les deux lignes livrées à M. Bascans étaient rapportées dans l'*Émancipation*; je vois aussitôt l'abus qu'on en pourrait faire, et le 15, dans la journée, j'adresse à la Chancellerie la dépêche télégraphique suivante :

« Deux dépêches télégraphiques du 14 me sont transmises là où les assassins m'ont forcé de me réfugier. M. Mahul n'est parti qu'à la dernière extrémité. Le lieutenant-général et moi nous lui avons sauvé la vie en annonçant son départ. Je rentrerai à Toulouse dès que l'autorité militaire pourra me protéger. Je vais me concerter avec M. Bocher par un intermédiaire.

« Je vous ai écrit hier et aujourd'hui. L'évocation devant la Cour sera sans résultat immédiat; c'est de la force militaire qu'il nous faut. »

J'adresse ce même jour, 15, à la Chancellerie, un second rapport non moins détaillé que le premier, dans lequel tout ce qui justifie, tout ce qui explique la *déclaration*, est exposé avec la même précision, avec la même exactitude que je le fais aujourd'hui. Mon langage n'a jamais varié, et il est à croire, toute question d'honneur à part, que je n'ai point inventé cette fable à Moissac, pour excuser un acte de la veille, un acte aussi public ! Le rapport du 15, qui contient toute la vérité sur la déclaration, est arrivé le 18 à Paris.

Eh bien ! c'est le 18 et le 19 qu'ont commencé à s'accréditer les bruits sur ma fuite, sur ma disparition, sur mon silence ! Le 18, toute la vérité, envoyée par moi, était arrivée; j'avais porté la lumière là où il était de mon devoir de l'adresser! Et pas un mot d'éclaircissement, de justification n'a été opposé à toutes ces incriminations odieuses, à toutes ces injures dont le torrent avait commencé, et qu'on a laissé rouler, jusqu'à ce qu'il m'eût emporté. Bien plus, mes rapports sont arrivés le 17 et le 18, et ma destitution est du 19! Elle n'a été prononcée, cela est incontestable, que sur cette erreur, que j'avais adressé une *proclamation à l'émeute!* Serait-il possible que ces deux rapports qui me justifiaient si complètement, on n'ait pas jugé à propos de les placer sous les yeux de ceux qui devaient prononcer sur mon sort, sur mon honneur? Et si on les y a placés, comment a-t-on pu me destituer? En présence de ces faits si graves, on me demandera la preuve de l'existence de ces rapports, je la présente :

« Vous invoquez mon témoignage sur les faits qui se sont passés sous mes yeux pendant votre séjour à Moissac, le voici :

« Vous êtes arrivé chez moi le 14 juillet, à sept heures du matin, en compagnie de M. J..., vous étiez dans un état visible de fatigue et d'épuisement. Vous n'avez voulu prendre aucun repos avant d'avoir écrit à la Chancellerie un rapport circonstancié et volumineux que vous avez lu à M. J... et moi; vous l'avez vous-même porté à la poste. Vous avez envoyé un second rapport à la Chancellerie le lendemain, 15. Je me souviens positivement que vous y expliquiez que votre but, en faisant la déclaration répandue à Toulouse le 13 juillet, avait été de sauver la vie à M. Mahul. Vous avez pendant ces deux jours écrit diverses lettres à Toulouse, une entre autres qui contenait une dépêche télégraphique que vous faisiez transmettre à la Chancellerie. Je ne m'en rappelle pas la teneur.

« Vous avez envoyé le 16 au matin M. le procureur du Roi de Castel-Sarrasin préparer votre rentrée avec l'autorité administrative et militaire ; et le soir, à cinq heures, sans même attendre son retour de sa mission, vous êtes parti de chez moi, vous dirigeant en poste sur Toulouse avec M. J... Je n'ai plus eu depuis lors de relations avec vous.

« Le Procureur du Roi. »

Il est donc constaté que, le 18 au plus tard, tout était connu à la Chancellerie, et sur la *déclaration*, et sur ma retraite à Moissac, et sur mes instances pour revenir à Toulouse. Or, comme je l'ai dit, ma destitution est du 19. Eût-elle été arrêtée dans un conseil du 18, mon rapport du 15, qui me justifiait pleinement, était arrivé dès le matin. J'ai donc été destitué, j'ai été abandonné sous le poids des calomnies, comme si je n'eusse rien écrit, comme si je n'eusse donné aucune explication !

Je prouve maintenant ce que j'ai fait pour rentrer à Toulouse.

J'appris, le 13 au soir, que le préfet provisoire était arrivé ; j'allai le 16, de grand matin, à Castel-Sarrasin , qui est à une lieue de Moissac, pour engager le procureur du Roi à se rendre à Toulouse, et se concerter sur ma rentrée avec M. Bocher et le lieutenant-général, je le chargeai de la lettre suivante :

« Monsieur le préfet,

« A votre arrivée vous avez dû apprendre que des forcenés ont mis pendant plusieurs heures ma vie dans le plus pressant danger, et que, ne trouvant nulle part de défense, il m'a fallu fuir une mort assurée. Dès que vous êtes à Toulouse, résolu, je n'en doute pas , à opposer à de nouvelles attaques une défense plus énergique, je dois me rendre à mon poste, mon devoir m'y appelle. J'écris au lieutenant-général pour lui demander de pourvoir à ma sûreté. Je vous prie, M. le préfet, de vous concerter avec lui et de me faire connaître les mesures que vous avez prises. Vous pouvez vous confier entièrement au magistrat qui se rend près de vous et vous porte cette lettre. Je braverai très-volontiers ces furieux, quand je pourrai me défendre ; mais je ne veux pas être assassiné par surprise, comme j'ai failli l'être. Je n'ai pas besoin de vous dire que vous trouverez en moi le concours le plus dévoué, et la conduite énergique que les circonstances demandent. »

M. Bocher me répondit pour me détourner de rentrer. Je n'entends attaquer en rien ses intentions ; personne ne rend plus de justice que moi à sa prudence, à son courage, à la vigueur de son caractère. Il était frappé de l'idée d'éviter une collision, et moi de l'idée de revenir à mon poste.

Dans ses lettres, que je vais citer, je retranche ce qui serait la révélation de la pensée du Gouvernement, et ce que je n'aurais pu connaître qu'à raison de mes fonctions. La nécessité de la défense ne me fait point violer cette règle du fonctionnaire public.

« 16 juillet.

« Monsieur le Procureur-général ,

« Je désire que cette lettre vous arrive à temps pour vous porter toutes les considérations qui me semblent devoir s'opposer au projet que vous avez formé, m'assure-t-on, de rentrer dans la ville aujourd'hui même. Croyez bien que personne ne désire plus ardemment que moi votre réinstallation

publique, ostensible, et dans votre votre domicile comme ci-
toyen, et dans vos fonctions comme magistrat.

« ...... Mais c'est parce que je désire cette réhabilitation
complète, infaillible, que je désire ne pas en compromettre
le succès par une démarche prématurée...... Demain, monsieur le procureur-général, je serais peut-être intéressé à ce
qu'ait lieu votre rentrée dans la ville, car c'est moi qui serais chargé de vous couvrir ; j'en ai les moyens et j'en aurais
l'honneur ; mais après-demain, l'envoyé du gouvernement
sera ici ; il aura ses instructions, son plan d'ensemble, etc.
J'abrége, le temps me presse. Qu'ajouterai-je ? Est-ce vous
qui avez besoin d'une réhabilitation ? est-ce votre personne,
votre courage ? Non. Attendez que nous soyons en mesure,
et revenez alors. Vous serez bien reçu de nous tous et de moi
tout le premier.

Si M. Bocher eût reçu, en arrivant à Toulouse,
quelque impression défavorable sur ma conduite
(certes, alors tout était connu, et les circonstances
de la *déclaration*, et celles de ma retraite), je ne
pense pas qu'il m'eût écrit de ce ton, et que, dans
une lettre adressée à un magistrat *fugitif*, se trouvât
cette phrase : *Est-ce vous qui avez besoin de réhabilitation ? Est-ce votre personne, votre courage ?
Non.*

Cependant je fis insister auprès de M. Bocher.
Dans une lettre, du 17, il m'annonce que je pourrais arriver *incognito* à la Préfecture, pour, de là,
me rendre en plein jour chez moi.

Je répondis que je désirais ne pas rentrer *incognito* dans la ville, que je demandais seulement
pour le lendemain matin neuf heures une escorte
de cinquante hommes, qui devrait se trouver à un

endroit désigné, à une lieue de Toulouse. J'an-
nonçai, sans attendre la réponse, que je m'y trou-
verais le lendemain. Je m'y trouvai, en effet, avec
le procureur du Roi de Castel-Sarrasin, mon fidèle
compagnon. Au lieu de cinquante cavaliers, je ne
trouvai au rendez-vous que l'honorable général
Rambaud, qui me remit cette lettre de M. Bocher.

18 juillet.

« Monsieur le procureur-général,

« Oui, je suis d'avis que vous ne rentriez pas dans la ville
incognito ; mais il n'y aura pas d'incognito si vous rentrez
en plein jour de la préfecture où vous serez arrivé ce soir,
ou cette nuit, à votre domicile. Ce qu'il faut avant tout, c'est
de rentrer dans la ville au moment opportun. Arrivant tout à
l'heure avec cinquante chevaux, vous causez dans Toulouse
une agitation qui au bout de dix minutes nous conduit à une
émeute. Hier, deux dépêches du garde-des-sceaux ont or-
donné de ne pas provoquer l'évocation... Le moindre inci-
dent peut contrarier l'exécution de pareils ordres ; mais, à
coup sûr, nous les rendrions nous-mêmes inexécutables, si,
dans une heure, nous faisons traverser la ville par cinquante
cavaliers, qui accompagneraient M. Plougoulm, reconnu par
tout le monde. L'envoyé du gouvernement arrivera ce soir,
au plus tard ; immédiatement vous connaîtrez ses intentions ;
jusque-là, patientez et résignez-vous ; nous touchons au
terme de tant de sacrifices. Si vous êtes en sûreté, où
vous trouvera le général Rambaud, restez-y la journée, si-
non, reculez, ou venez demander asile dans une maison sûre
aux portes de Toulouse. »

Je n'avais point de maison sûre où je pusse demander un asile ; je ne voulus point reculer. Arrivé le premier au rendez-vous, et comptant sur
ma rentrée immédiate, j'avais renvoyé ma chaise

de poste. Le général étant reparti, je me trouvai seul sur la grande route avec mon compagnon. Nous errâmes douze heures dans la campagne ; le soir, sur les neuf heures, le général vint me prendre à un endroit convenu. Sur le bruit d'un danger que j'avais pu courir, un officier amena sur la route quelques cavaliers pour me protéger.

« Par suite des indiscrétions d'un postillon, m'écrit-il, je puis aller à votre rencontre pour protéger votre rentrée à Toulouse. Il me serait difficile de vous faire comprendre combien j'ai été vivement affecté au moment où je vous ai rencontré pendant une nuit obscure, au milieu de la campagne, sans asile et mourant de faim, vous, si plein de courage et de fermeté ! mais aussi quelle fut ma consolation lorsque je vous vis rentré au sein de votre famille ! »

Toutes ces circonstances de mon retour sont très-bien précisées dans cette lettre du procureur du Roi de Castel-Sarrasin :

« Le 16 juillet au matin, vous veniez d'apprendre, par vos rapports de tous les instants, soit avec Toulouse, soit avec le gouvernement, que M. Bocher devait ce jour-là même arriver d'Auch à Toulouse en qualité de préfet provisoire. Vous m'engageâtes à me rendre de Castel-Sarrasin près de lui, pour lui communiquer votre résolution de rentrer à Toulouse, sans plus de retard, et publiquement. Je devais également me concerter avec les généraux.

« Je vis M. Bocher peu d'heures après son arrivée ; je lui fis part de vos dispositions, exprimées du reste dans la lettre dont vous m'aviez chargé pour lui. Malgré mes observations, il persista à regarder votre retour comme une imprudence... Fallait-il assumer la responsabilité d'une collision sanglante ? Sa conclusion fut que vous deviez attendre au 20. On aurait alors des forces suffisantes, et le commissaire du gouvernement serait arrivé.

« Malgré la diligence que j'apportai dans ma démarche, votre impatience de rentrer l'emporta, et au lieu de m'attendre à Moissac où je devais vous rejoindre, vous vous dirigeâtes sur Toulouse; je vous trouvai en route, et vous rendis compte de ma mission. Vous renonçâtes alors à votre projet, reculant devant l'affreuse responsabilité que vous imposaient ceux qui connaissaient les dangers de la situation.

« Vous acceptâtes un asile chez mon père, et là, comme à Moissac, vous ne cessâtes d'entretenir des rapports avec Toulouse et la Chancellerie. Enfin, le 18 au matin, à une heure de la nuit, une estafette vous apporte une lettre qui vous invite à [rentrer; vous fixez vous-même, à neuf heures du matin, à une lieue de Toulouse, le rendez-vous de l'escorte que les généraux m'avaient promise le 16.

« Vous vous y rendîtes ponctuellement; mais une nouvelle péripétie vous y attendait. Le général vint seul, et vous remit une lettre qui vous interdisait l'entrée de la ville avant la nuit. Vous vous soumîtes à cette dure nécessité; mais dans votre impatience de rentrer dans la ville, dont depuis trois jours on vous défendait l'accès, vous refusâtes de rétrograder; vous errâtes seul avec moi dans la campagne, sans sauve-garde contre les dangers que vous étiez en droit de craindre; vous fûtes obligé de vous soumettre aux investigations d'un maire de village qui faillit traiter en vagabond le premier magistrat du ressort, et le soir le général revint furtivement vous prendre et vous conduire au quartier-général, où M. de Saint-Michel vous offrit un asile, tant on craignait encore de vous réintégrer dans votre demeure !

« Le lendemain, je supposais votre retour connu, avoué de tous, et quand je me rendis au quartier-général pour recevoir vos ordres ; quand je demandai publiquement et sans détour, d'être introduit près de vous, je reconnus que votre présence était encore un mystère, et ma démarche si naturelle fut taxée d'imprudence.

« Echappé aux mains des assassins, vous n'avez eu qu'une

seule pensée, celle de rentrer à votre poste, de reprendre vos fonctions; pendant plusieurs jours, vous avez assiégé les portes de la ville... J'atteste que durant cet exil forcé, vous avez sans cesse songé à instruire le gouvernement par des rapports de tous les jours et des dépêches télégraphiques.

« Dieu veuille que mon témoignage vous serve à dissiper l'erreur dont vous êtes victime, et contribue à mettre un terme à des attaques qui navrent les amis de la vérité, et à placer dans tout leur jour les dispositions généreuses qui vous animent.

« S'il en était autrement, j'aurais du moins la consolation d'avoir apprécié par moi-même les nobles qualités que j'ai vu briller dans un moment où l'homme se montre sans déguisement et tel qu'il est. »

Je rentrai à Toulouse presqu'au moment où y arrivait M. le Commissaire extraordinaire. A minuit, toutes les autorités étaient réunies à la lieutenance-générale; là, je rappelai tout ce qui s'était passé, toutes les circonstances du départ de M. Mahul. On se sépara à trois heures du matin. Il fut décidé que je resterais à la lieutenance générale *incognito* jusqu'au soir; c'est pour cette raison que je ne parus point dans l'évocation à laquelle la Cour procéda dans la matinée. Rentré le 18, j'adressai le lendemain une dépêche télégraphique à Paris, comme je l'avais fait le 16 et le 17. J'en possède les reçus.

Le 19, j'adressai un rapport où j'énumérais toutes les circonstances de mon retour. Le 20, j'étais à la préfecture, discutant avec M. Maurice-Duval sur les mesures à prendre, lorsque je reçus la dépêche télégraphique suivante :

« Paris, 19 juillet, 2 heures 1|2.

« Le gouvernement a jugé convenable de vous remplacer à Toulouse. — Rendez-vous sur-le-champ à Paris. »

Voici, dis-je à M. le Commissaire extraordinaire, en lui communiquant la dépêche, ce qui termine l'entretien. Il ne put retenir une exclamation qui était plus que de l'étonnement.

Par une singulière coïncidence, au moment où je recevais ma destitution à la préfecture, la Cour s'assemblait pour venir me féliciter de mon retour au milieu d'elle. On voit par là qu'on ne pensait pas sur ma conduite à Toulouse comme à Paris.

Rentré chez moi, j'écrivis immédiatement cette lettre d'adieu à la Cour :

« Monsieur le premier président,

« Je viens d'apprendre par une dépêche télégraphique que le gouvernement a jugé convenable de me donner un successeur, et il m'appelle immédiatement à Paris : je vous quitte avec un bien vif regret, vous pour qui j'ai éprouvé tout d'abord la plus tendre vénération, et j'espère que je vous l'ai marquée dans tous nos rapports. Je quitte avec douleur nos chers collègues, que je me trouve heureux d'avoir si bien appréciés, avec lesquels j'ai vécu en si bonne et si douce harmonie. Veuillez, Monsieur le premier président, leur transmettre mes regrets, mes adieux. Recevez-les pour vous. Je ne vous oublierai jamais. Que mon souvenir reste parmi vous entouré de quelque honneur, de quelque affection. J'ai rempli mes devoirs, j'ai vécu en homme de bien sous vos yeux, je suis sûr d'emporter votre estime. »

Quelques jours après, je reçus la réponse suivante de M. le premier Président :

« Monsieur,

« Je suis encore sous l'émotion que m'a causée votre bonne et si affectueuse lettre en date du 20 juillet. Je la reçus au moment même où chacun des magistrats se disposait à vous offrir l'expression de tous les sentimens, je ne dis pas d'une estime qui depuis long-temps vous est acquise à si juste titre, mais ceux de l'intérêt le plus vif. J'ai la confiance que je ne suis encore auprès de vous que leur organe. Si les chagrins que vous avez éprouvés dans cette malheureuse époque pouvaient être adoucis par tous les témoignages honorables que j'ai recueillis pour vous , et que je suis chargé de vous transmettre, je ne serais embarrassé que de vous les exprimer dignement. La bienveillance particulière que vous vouliez bien m'accorder, faisait mon bonheur ; car il existe pour les ames honnêtes des sympathies que rien ne peut altérer. Quelque carrière que vous soyez destiné par la Providence à parcourir, croyez, Monsieur, que je suivrai vos pas avec anxiété, et que je les accompagnerai de mes vœux les plus ardens pour votre bonheur et celui de votre intéressante famille. »

Cette admirable lettre, écrite par un aussi vénérable magistrat, et au nom d'une telle Cour, dédommage et console de tout ! Un de mes amis, qui venait d'en entendre la lecture, m'a dit avec émotion : « Il y a là une récompense qu'aucune puissance ne peut vous enlever ! C'est la plus belle des réparations ! »

Enfin, pour compléter ce tableau, je montre par les pièces suivantes comment ma destitution a été interprétée à Toulouse, où l'on connaissait si bien les faits !

Lettre d'un magistrat :

« Vous étiez l'effroi des factions ; votre énergie, votre

puissante parole les faisait trembler pour le présent et pour l'avenir ; les factieux ont voulu faire tomber votre tête pour épouvanter à jamais les magistrats fermes et courageux qui voudraient marcher sur vos traces : cela se conçoit, ils étaient dans leur rôle, vous ne deviez trouver auprès d'eux ni merci, ni miséricorde !.... Mais le pouvoir, que vous aviez tant et si bien servi, le pouvoir ! ... vous briser brutalement comme pour donner une prime à l'émeute triomphante !..... Oh ! quelles tristes réflexions m'oppressent ! et quelque éclatante que puisse être la réparation qui vous est due, et qui ne tardera pas (espérons-le du moins dans l'intérêt du gouvernement), elle ne guérira pas le mal moral immense que votre révocation a causé à notre ville. Heureux du moins vos nombreux amis, si une justice complète, quoique déjà tardive, vient apporter quelque adoucissement aux maux de tout genre que vous avez souffert ! — Nous sommes toujours ici dans un état déplorable ; l'audace des méchans n'est point abattue, les bons citoyens sont consternés et désespèrent de la chose publique. »

Lettre d'un autre magistrat :

« Je n'ai jamais mis en doute la justice tardive rendue à votre caractère, à la marche ferme et franche dont vous avez tant et si souvent donné des gages à Paris comme à Toulouse. Les regrets devaient suivre une mesure préparée d'avance par les plus lâches comme par les plus sourdes menées, cause première de l'erreur dont vous avez été victime et dont nous regrettons que des hommes si haut placés et si honorables n'aient pu se défendre. Comment, en effet, ont-ils pu ne pas comprendre, après l'opposition inqualifiable de la mairie de Toulouse contre vos droits et vos devoirs, que vous étiez pour ceux-ci un obstacle à leurs prétentions passionnées, et que, pour vous abattre, il fallait vous calomnier, méconnaître votre autorité, remuer le terrain sur lequel vous marchiez à Toulouse ; fait notoire, d'ailleurs constaté par l'incurie de la police à se prêter à l'exécution des arrêts et mandats de justice qu'elle recevait de vous (*) ; mauvais vouloir excité par l'appui d'hommes irrités par votre belle renommée, par l'unité et la sympathie qui existaient entre la Cour de Toulouse et son procureur-général ; toutes choses si douces pour nous et si insupportables pour eux ; heureux concert, et si incontesté, qu'un acte solennel l'a hautement proclamé, lorsque la Cour, réunie en partie, allait vous témoigner sa joie de votre rentrée à Toulouse, démarche honorable pour tous, dont la manifestation ne fut arrêtée que par l'affligeante nouvelle qu'on vous avait donné un successeur.

« Dites au Roi et à ses ministres qu'un magistrat de la Cour de Toulouse, qui compte de longs services à ce siége, dont le mensonge n'a jamais souillé les lèvres, atteste que ses collègues recherchaient tous votre estime ; que dans la compagnie votre influence était grande et justement méritée ; que votre ascendant près des Chambres réunies dans les troubles de Foix épargna bien des embarras au gouvernement ; que le crime levait impunément la tête dans deux départemens du ressort ; que votre présence, vos actes et de grands exemples, ramenèrent le calme parmi les populations effrayées, etc. »

Un autre magistrat m'écrit :

« Notre douleur n'est pas pour vous, car si un fait mal expliqué a pu vous exposer à un acte de rigueur qui a produit ici une sensation pénible, il est impossible que la connaissance qu'on aura de votre courage dans la lutte, de votre sang-froid dans un danger auquel un miracle a pu seul

---

(*) Pendant six mois, j'ai demandé le changement d'un commissaire de police que je savais animé des plus mauvaises intentions contre le gouvernement, et qui ne cherchait qu'à entraver mon autorité. Je n'ai jamais pu obtenir que cette mesure fût prise. M. le Garde-des-Sceaux m'a dit à mon arrivée : « Vous nous aviez pourtant tout prédit sur le sieur Lenormand ! — C'est vrai, ai-je répondu, malheureusement vous n'avez rien cru. — Le sieur Lenormand est aujourd'hui devant la Cour de Pau, comme l'un des principaux agens de l'émeute.

vous arracher, de l'énergie avec laquelle vous avez voulu reprendre l'exercice de l'action publique pour frapper la rébellion dans son triomphe, n'amène pas une éclatante et prochaine réparation. Mais c'est pour nous que nous nous affligeons. Les sentimens de l'ami disparaissent devant celui qu'inspire l'intérêt bien plus grand du pays. Vous avez bien dû comprendre que cette pensée dominait dans l'expression des regrets que notre premier président est venu vous exprimer au nom de la Cour. Chacun de nous déplorait l'infortune du procureur-général qui avait su inspirer à la compagnie une si profonde estime, à la plupart de ses membres un tendre attachement. Mais nous étions comme sous l'impression d'un malheur, en voyant enlever à la répression l'énergique et éloquent appui qui savait rendre à notre contrée l'ordre moral si cruellement troublé. Comme s'il fallait ajouter à l'effet de ce sentiment par un odieux contraste, la joie qu'a produite sur l'émeute et ses soutiens la mesure qui nous a tous affligés, a été une preuve de plus qu'elle n'a pas produit l'effet attendu, ni sur les amis, ni sur les ennemis du gouvernement à Toulouse.... »

Un autre encore :

« Le retard de cette réparation irrite ma raison, non seulement comme votre ami, mais surtout comme homme dévoué aux intérêts du pays. La révolte est elle-même étonnée de ce résultat; elle était si peu préparée à ce triomphe, qu'il l'écrase et qu'elle ose à peine faire entendre la joie qu'elle en éprouve. »

Je termine cet écrit, trop long peut-être; mais je puis assurer que j'ai beaucoup restreint ces précieux documens, dont j'ai les mains pleines, et qui sont une si douce et si éclatante protestation contre tant d'accusations si cruelles, si poignantes!

J'ai dit, en commençant, que j'établirais ma con-

duite par des *preuves,* je crois avoir tenu parole.
Je crois avoir le droit de dire :

Que j'ai rempli jusqu'au dernier moment mes
fonctions de magistrat;

Que je n'ai signé la *déclaration* que pour sauver
la vie à M. Mahul;

Que dans ma pensée, comme dans celle des nombreux témoins de cet acte, il n'a jamais été qu'*un
sauf-conduit;*

Que je suis étranger à la convocation de la garde
nationale, et à toutes ses conséquences;

Que je n'ai quitté mon domicile qu'à la dernière
extrémité;

Que je n'ai quitté Toulouse qu'après avoir acquis
la preuve, par sept heures de péril, que je ne pouvais compter sur une protection, qui ne fut pas
même tentée;

Que depuis mon départ jusqu'à ma rentrée, je
n'ai pas cessé de correspondre avec Toulouse et avec
la Chancellerie, qui a reçu de moi, en quatre jours,
trois dépêches télégraphiques et deux longs rapports;

Que dès que j'appris l'arrivée du préfet provisoire, j'ai voulu rentrer, et que je suis rentré en
effet, plus tôt même que sa prudence ne le jugeait
convenable;

Qu'à son arrivée, le commissaire du gouvernement me trouva à mon poste, prêt à rétablir éner-
giquement l'autorité détruite, et que j'en discutais
avec lui les moyens, quand ma destitution arriva.

Étrange rapprochement! Le 18, lorsque j'errais dans la campagne, forcé d'attendre la nuit pour rentrer dans la ville, je pensais avec satisfaction que ce jour-là, dès le matin, mon rapport du 15 avait porté à la Chancellerie, et par suite, dans le public, une lumière complète; qu'en ce moment, on connaissait mes actes, et qu'on ne me calomniait pas; et c'était précisément alors que par les plus violentes attaques, ma destitution était demandée et obtenue! Je n'en veux pas à leurs auteurs, ils n'étaient pas éclairés, et ne savaient ce qu'ils condamnaient! Cruelles vicissitudes, agitations déchirantes, douleurs profondes répandues autour de moi, diffamations sans cesse renouvelées, j'ai tout supporté par les consolations d'une bonne conscience, par l'étude et par l'affection de ceux qui m'ont rendu justice!

PLOUGOULM.

A. CUYOT, Imprimeur de l'Ordre des Avocats, rue Neuve-des-Petits-Champs. 37.